BEI GRIN MACHT SICH IHR WISSEN BEZAHLT

- Wir veröffentlichen Ihre Hausarbeit,
  Bachelor- und Masterarbeit

- Ihr eigenes eBook und Buch -
  weltweit in allen wichtigen Shops

- Verdienen Sie an jedem Verkauf

Jetzt bei www.GRIN.com hochladen und kostenlos publizieren

Ramona Dietrich

Die Metonymie im Realismus. Roman Jakobsons "Zwei Seiten der Sprache und zwei Typen aphatischer Störungen"

GRIN Verlag

Bibliografische Information der Deutschen Nationalbibliothek:

Die Deutsche Bibliothek verzeichnet diese Publikation in der Deutschen National-
bibliografie; detaillierte bibliografische Daten sind im Internet über http://dnb.d-
nb.de/ abrufbar.

Impressum:

Copyright © 2014 GRIN Verlag GmbH
Druck und Bindung: Books on Demand GmbH, Norderstedt Germany
ISBN: 978-3-656-86273-4

Dieses Buch bei GRIN:

http://www.grin.com/de/e-book/286121/die-metonymie-im-realismus-roman-
jakobsons-zwei-seiten-der-sprache-und

GRIN - Your knowledge has value

Der GRIN Verlag publiziert seit 1998 wissenschaftliche Arbeiten von Studenten, Hochschullehrern und anderen Akademikern als eBook und gedrucktes Buch. Die Verlagswebsite www.grin.com ist die ideale Plattform zur Veröffentlichung von Hausarbeiten, Abschlussarbeiten, wissenschaftlichen Aufsätzen, Dissertationen und Fachbüchern.

Besuchen Sie uns im Internet:

http://www.grin.com/

http://www.facebook.com/grincom

http://www.twitter.com/grin_com

Ludwig-Maximilians-Universität München   Ramona Dietrich
Lektürekurs „Tropologien"
B.A Germanistik/SLK 4. FS
Sommersemester 2014

Die Metonymie im Realismus

Eine Studie zu Roman Jakobsons „Zwei Seiten der Sprache und zwei Typen aphatischer Störungen"

Als einer der wichtigsten Vertreter des Strukturalismus hat Roman Jakobson einen großen Einfluss auf die Literaturwissenschaft. Er ist im Bereich der Semiotik und Linguistik tätig, beschäftigt sich mit Aphasien und dem Auftreten von linguistischen Konzepten in der Poesie. In seinem Text „Zwei Seiten der Sprache und zwei Typen aphatischer Störungen"[1] befasst sich Jakobson zusätzlich zur Beschreibung der beiden Aphasietypen Similaritäts- und Kontiguitätsstörung mit dem Thema des Zusammenhangs von Sprachstörungen und Tropen. Inwiefern findet die Metonymie ihren Platz im Realismus und wodurch entsteht ihr enger Zusammenhang?

Jakobson stellt folgende These auf:

> Von den beiden polaren Tropenfiguren, der Metapher und der Metonymie, wird die letztere, welche auf dem Prinzip der Kontiguität beruht, weitgehend von jenen Aphatikern verwendet, deren Fähigkeit zur Selektion in Mitleidenschaft gezogen ist.[2]

Bei einer Similaritätsstörung können Wörter also nur verwendet werden, wenn eine Beziehung zwischen ihnen oder zu ihrem Kontext herstellbar ist. Somit gilt der Kontext bei Patienten dieser Aphasie als „unentbehrlicher und entscheidender Faktor"[3]. Sie ersetzen ihre Wörter durch Zeichen, die mit dem Wort der eigentlichen Bedeutung in enger Verbindung stehen. Als Beispiel hierfür nennt Jakobson die Verwendung von „Messer" anstatt „Gabel".[4]

Auch bei der Metonymie steht ein vorhandener Zusammenhang im Vordergrund. Ein sprachlicher Ausdruck wird nicht in seiner wörtlichen Bedeutung, sondern im übertragenen

---

[1] Jakobson, Roman: Zwei Seiten der Sprache und zwei Typen aphatischer Störungen (1956). In: R.J.: Aufsätze zur Linguistik und Poetik, S. 117-141.
[2] Jakobson, Roman: Zwei Seiten der Sprache und zwei Typen aphatischer Störungen, S.128.
[3] Jakobson, Roman: Zwei Seiten der Sprache und zwei Typen aphatischer Störungen, S.123.
[4] Jakobson, Roman: Zwei Seiten der Sprache und zwei Typen aphatischer Störungen, S.128-129.

Sinn verwendet. Quintilian beschreibt sie als „die Setzung einer Benennung für eine andere"[5] und auch Freud erkennt dies in seiner Traumdeutung im Falle der Verschiebung:

> Was in den Traumgedanken offenbar der wesentliche Inhalt ist, braucht im Traum gar nicht vertreten zu sein[6].

Am Ende seines Textes spricht Jakobson von einem „engen Bande zwischen Realismus und Metonymie"[7]. Wodurch aber entsteht diese Verbindung?

Im Realismus will man Sachverhalte so darstellen, wie sie in der Wirklichkeit sind, unbeschönigt also. Laut Otto Ludwig, der den Begriff des poetischen Realismus prägte, „beziehe sich [der Realismus] auf die Welt, aber gebe sie nicht unmittelbar wieder, er ordne sie mittels der schöpferischen Phantasie: „er schafft die Welt noch einmal"."[8].

Jedoch werden nicht einfach Tatsachen beschrieben, sondern Details übertrieben und künstlerisch zur Geltung gebracht. Bei Tolstojs Anna Karenina wird beispielsweise in der Selbstmordszene „die Aufmerksamkeit auf die Handtasche der Heldin"[9] gerichtet. Kleinste Merkmale werden genau beschrieben, ob sie nun zum Fortschreiten der Handlung beitragen, oder nicht.[10] Oftmals sollen sie jedoch die Funktion besitzen, „ein Indiz für einen Charakter oder eine Stimmung [zu] bilden"[11]. Auch Roland Barthes betont, dass es nicht „auf die Funktionslosigkeit eines Details [an]kommt […], Hauptsache, es denotiert, »was stattgefunden hat«"[12].

Zusätzlich wendet man sich von bisherigen Gewohnheiten ab und verwendet Neues, Innovatives, wie Jakobson hervorhebt:

> Die Worte der gestrigen Erzählweise sagen nichts mehr. Und so wird ein Gegenstand aufgrund von Merkmalen charakterisiert, die gestern als die am wenigsten charakteristischen und am wenigsten der Wiedergabe würdigen galten und die man nicht bemerkte[13].

---

[5] Quintilianus, Marcus Fabius (1975): Ausbildung des Redners. Zwölf Bücher. Darmstadt: WBG, S. 227.

[6] Freud, Sigmund (1900): Die Traumdeutung. Frankfurt am Main: Fischer Taschenbuch Verlag (2), S.305.

[7] Jakobson, Roman: Zwei Seiten der Sprache und zwei Typen aphatischer Störungen, S.138.

[8] Rötzer, Hans Gerd: Geschichte der deutschen Literatur. Epochen – Autoren – Werke, Bamberg 2013, S. 208.

[9] Jakobson, Roman: Zwei Seiten der Sprache und zwei Typen aphatischer Störungen, S.135.

[10] Jakobson, „Über den Realismus in der Kunst", . In: Jurij Striedter (Hg.): Russischer Formalismus. Texte zur allgemeinen Literaturtheorie und zur Theorie der Prosa: W. Fink Verlag München, S. 387: „Wenn im Abenteuerroman des 18. Jahrhunderts der Held einen Passanten traf, so handelte es sich just um den, der er oder zumindest die Intrige brauchte. Bei Gogol' oder Tolstoj oder Dostoevskij aber wird der Held unter Garantie zuerst einen nicht nötigen, vom Standpunkt der Fabel überflüssigen Passanten treffen, wird mit ihm ins Gespräch kommen, was für die Fabel ohne Folgen bleibt.".

[11] Barthes, Roland (2006): Das Rauschen der Sprache. Kritische Essays IV. Frankfurt am Main: Suhrkamp Verlag, S. 164.

[12] Barthes, Roland: Das Rauschen der Sprache, S. 170.

[13] Jakobson, Roman: „Über den Realismus in der Kunst", S.379.

Objekte werden deformiert und auf eine neue Weise dargestellt, wie es sie vorher noch nicht gab.[14] Details stehen mehr im Mittelpunkt als bisher. Naomi Schor geht sogar so weit und bezeichnet das 19. Jahrhundert als „the Golden Age of the Detail"[15]. Genau diese Wirkung erfüllt die Metonymie und bildet damit das perfekte Stilmittel, um diese neue Erzählweise zu veranschaulichen.

Nach der poetischen Romantik wendet man sich im Realismus nun eher der Prosa zu. Jakobson bringt hiermit wieder die Metonymie in Verbindung. Aufgrund der Liebe zum Detail und zum Gegenstand beschreibt er „für die Prosa die Metonymik [den] Weg des geringsten Widerstandes"[16]. Die Prosa ist „im wesentlichen[sic] durch die Kontiguität getragen"[17], also findet sich auch hier wieder ein Drang zur Kontextbindung.

Ein weiteres Zeichen für die Popularität der Metonymie im Realismus ist die Verbreitung über die Literatur hinaus in den Bereich von Kunst und Film. Jakobson bringt zusätzlich zur Selbstmordszene bei Anna Karenina das Beispiel der „metonymische[n] Orientierung des Kubismus"[18] an. Hier werden Objekte aus verschiedenen Perspektiven betrachtet und verzerrt dargestellt. Auch in der Kunst können also ähnliche Formen wie in der Sprache erkennbar werden. Barthes deutet weiterhin auf Flauberts „Madame Bovary" hin, in der der Gegenstand „Rouen" „seiner Substitutionen wegen nennenswert"[19] ist. Er führt fort, dass „die ganze Beschreibung darauf *hinkonstruiert* ist, Rouen einem Gemälde anzugleichen: Die Sprache rankt sich um eine gemalte Szenerie"[20]. Er fügt hinzu, dass auch die „Entwicklung der Techniken, Werke und Institutionen, die auf dem ständigen Bedürfnis, das »Wirkliche« auszuweisen, beruhen"[21], eine weitere große Rolle im Aufstreben der Metonymie spielen. Einen großen Teil hiervon decken sowohl die Fotografie, als auch die aufkommenden filmischen Möglichkeiten.

Das Zusammenspiel von Literatur, Kunst und Sprache bildet ein Netzwerk der Verbreitung dieser Trope. Es wird also deutlich, dass viele Umstände und Mitwirkungen die Möglichkeit bieten, die Metonymie als weit verbreitete Trope im Realismus zu verstehen.

---

[14] Jakobson, Roman: „Über den Realismus in der Kunst", S.387: „Man koloriert einen Gegenstand auf neue Weise und denkt: er ist jetzt besser zu bemerken, *fällt mehr in die Augen*, ist realer.".

[15] Schor, Naomi (2007): Reading in Detail. Aesthetics and the Feminine. New York: Routledge, S. 76.

[16] Jakobson, Roman: Zwei Seiten der Sprache und zwei Typen aphatischer Störungen, S.138.

[17] Jakobson, Roman: Zwei Seiten der Sprache und zwei Typen aphatischer Störungen, S.138.

[18] Jakobson, Roman: Zwei Seiten der Sprache und zwei Typen aphatischer Störungen, S.135-136.

[19] Barthes, Roland: Das Rauschen der Sprache, S. 168.

[20] Barthes, Roland: Das Rauschen der Sprache, S. 168.

[21] Barthes, Roland: Das Rauschen der Sprache, S. 170.

Literaturverzeichnis

Primärliteratur:

- Jakobson, Roman: Zwei Seiten der Sprache und zwei Typen aphatischer Störungen (1956). In: R.J.: Aufsätze zur Linguistik und Poetik, S. 117-141.

Sekundärliteratur:

- Barthes, Roland (2006): Das Rauschen der Sprache. Kritische Essays IV. Frankfurt am Main: Suhrkamp Verlag, S.164-172.
- Freud, Sigmund (1900): Die Traumdeutung. Frankfurt am Main: Fischer Taschenbuch Verlag (2), S.305-308.
- Jakobson, Roman: Über den Realismus in der Kunst. In: Jurij Striedter (Hg.): Russischer Formalismus. Texte zur allgemeinen Literaturtheorie und zur Theorie der Prosa: W. Fink Verlag München, S. 374–391.
- Quintilianus, Marcus Fabius (1975): Ausbildung des Redners. Zwölf Bücher. Darmstadt: WBG, S.227-229.
- Rötzer, Hans Gerd: Geschichte der deutschen Literatur. Epochen – Autoren – Werke: Bamberg 2013, S. 208.
- Schor, Naomi (2007): Reading in Detail. Aesthetics and the Feminine. New York: Routledge, S.76.